# ÉLOGE

DE

# FRÉDÉRIC OZANAM

## (1813 - 1853)

PAR

## FRÉDÉRIC POULIN

LICENCIÉ ÈS-LETTRES.

—

OUVRAGE COURONNÉ A L'ACADÉMIE DES JEUX FLORAUX

LE 3 MAI 1861

———

TOURS

IMPRIMERIE DE J. BOUSEREZ

13, RUE DE L'INTENDANCE, 13

1861.

# ÉLOGE

## DE

# FRÉDÉRIC OZANAM

# ÉLOGE

## DE

# FRÉDÉRIC OZANAM

## (1813 - 1853)

PAR

## FRÉDÉRIC POULIN

Licencié ès-lettres.

—

OUVRAGE COURONNÉ A L'ACADÉMIE DES JEUX FLORAUX

LE 3 MAI 1861

## TOURS

IMPRIMERIE DE J. BOUSEREZ

13, RUE DE L'INTENDANCE, 13.

## 1861

# ÉLOGE



# FRÉDÉRIC OZANAM

Tu dùca, tu signore, e tu maestro.

(*Dante, Inf. c. II.*)

Qui ne se rappelle avec une admiration mêlée de regret ces jours, déjà loin de nous, où les catholiques de France, combattant pour la plus sainte des causes, n'avaient qu'un seul cœur et qu'un seul drapeau ! C'était une véritable croisade : il s'agissait en effet de reconquérir, non plus le tombeau du Christ, mais ce qui lui est plus cher encore, la liberté de son Église.

A la tête de cette armée, petite par le nombre, mais grande par le courage et les espérances, s'élançait M. de Montalembert, le front ceint de la triple auréole du génie, de la jeunesse et de la foi. Il avait derrière lui, pour l'encourager, l'Épiscopat tout entier, et, pour le suivre, des écrivains pleins de verve et de talent, de logique et de véhémence, au premier rang desquels se distinguait M. Louis Veuillot.

On se montrait digne de la liberté par l'usage même du peu qu'on en possédait alors : du haut de la chaire de Notre-Dame, déshabituée des grands auditoires, le P. de Ravignan rappelait les vérités éternelles avec la gravité d'un magistrat, le zèle d'un apôtre et l'onction d'un saint ; et le P. Lacordaire entreprenait de réconcilier avec le Catholicisme les aspirations de la société moderne, et donnait à l'apologie d'une religion vieille de dix-huit siècles tout l'attrait de la nouveauté et tous les prestiges de l'art. Enfin, dans les salles de l'antique Sorbonne, deux professeurs, MM. Lenormant et Ozanam, attiraient, par une éloquence pleine de chaleur, la foule des étudiants, émerveillée d'entendre la glorification de ces mêmes dogmes que depuis longtemps on disait finis.

Le premier avait parcouru tous les rivages de l'antiquité classique et aussi le cercle des erreurs de son temps, avant de retrouver la foi en cherchant la science : il apportait dans l'enseignement supérieur, avec un savoir aussi profond que varié, l'ardeur d'un néophyte et des allures qui avaient quelque chose de militaire. Le second, plus jeune de beaucoup, arrivait avec des croyances qu'on peut dire intactes, une fraîcheur d'imagination, une jeunesse de cœur, qui lui gagnaient toutes les sympathies.

La première fois qu'il me fut donné de voir et d'entendre ce pâle jeune homme, au front austère et mélancolique, à l'accent si persuasif et aux convictions si fortes, je reconnus en lui, tout aussitôt, le guide et le modèle que je cherchais, et je lui dis du fond du cœur ce que Dante disait à Virgile :

« Tu duca, tu signore, e tu maestro. »

# I

Ce jeune maître, en effet, attirait à lui par un charme étrange. On racontait sur son origine et sur ses débuts des détails remplis d'un merveilleux intérêt. Issu d'une famille juive de la Bresse, convertie depuis des siècles au Christianisme, Frédéric Ozanam avait dû à des circonstances providentielles le bonheur de naître dans cette Italie, dont il était destiné à célébrer les gloires les plus pures. Il fut de bonne heure amené à Lyon, pays de sa mère : mais il rapportait de la patrie des arts un vif sentiment de poésie qui se fait jour dans ses premiers essais. Encore élève au collége de cette grande ville, ses devoirs d'écolier surprenaient ses maîtres eux-mêmes, et l'un d'eux, fier de l'honneur le plus doux que puisse procurer l'enseignement, celui de se voir surpassé par ses disciples, nous en a conservé de précieux témoignages.

Des pièces de vers latins, composées par Frédéric Ozanam dès l'âge de treize ou quatorze ans, étonnent

par la richesse de l'invention non moins que par la
facilité et la pureté du style.

Il terminait à peine ses études quand l'expédition
d'Alger lui inspira une ode, française cette fois par le
langage, aussi bien que par les sentiments.

A n'en pas douter, ce jeune homme était né poëte :
il eût pu briller à ce firmament de la poésie française,
où, de nos jours, tant d'astres se sont égarés; il eut le
sentiment d'une autre destinée. Dans l'intelligente dis-
tribution de ses facultés et de son temps, il réserva
pour les effusions intimes de l'amitié et de la famille,
ce qu'il appelait avec une grâce pleine de modestie,
« la faiblesse des cœurs passionnés. » Toutefois, même
dans ses cours, on pouvait deviner ses tendances poétiques; et, à l'accent ému dont il parlait de la poésie, on
sentait qu'elle n'était point pour lui une étrangère.
Voici par exemple une page, où, désespérant de la
définir, il la décrit, mais il la décrit en poëte : « Après
« tant d'années, je connais la poésie, mais je ne la
« définis pas; il m'est impossible d'arriver à saisir, à
« considérer, pour ainsi dire, face à face, cette in-
« connue voilée à nos yeux, comparable à l'Amour
« dans l'histoire de Psyché qui ne demeure qu'autant
« qu'il est invisible, dont la présence s'annonce par sa
« voix, par son accent, par les charmes mêmes dont il
« est entouré, mais qui s'échappe dès qu'on l'aperçoit.
« Ainsi la poésie existe pour moi; je reconnais sa
« présence. Et quand je rencontre quelque part cette
« grâce charmante de l'imagination, cette tendresse

« infinie du cœur, ce charme insaisissable et que l'art
« ne donne pas, cette alternative d'un divin sourire et
« de larmes divines, je déclare que la poésie est là et
« je n'en doute pas un moment (1). »

La poésie ne fut pas ingrate pour celui qui l'honorait
d'un culte si respectueux et si fidèle ; et nous la verrons
dorer de ses rayons les travaux les plus arides de cet
esprit sévère et gracieux tout ensemble.

En effet, ce poëte brillant était un penseur profond :
sa raison, non moins précoce que son imagination,
avait remué de bonne heure les questions vitales,
éternel tourment des âmes élevées et inquiètes, qui
veulent se rendre un compte rigoureux de leurs
croyances. Lui aussi, comme Pascal et comme Jouffroy,
avait « connu toute l'horreur de ces doutes qui rongent
« le cœur et qu'on retrouve la nuit sur un chevet
« mouillé de larmes (2). » Mais, plus heureux que
Pascal et que Jouffroy, on n'a pu l'accuser d'avoir
sacrifié l'une à l'autre, ni la raison, ni la foi. L'enseignement d'un homme qu'on a appelé un Socrate chrétien le sauva de ce double écueil. M. l'abbé Noirot
« mit dans ses pensées l'ordre avec la lumière, » et
Ozanam, reconnaissant envers Dieu, voua dès lors sa
vie tout entière « au service de la vérité qui lui avait
« rendu la paix. »

Il est touchant de le voir, à peine sorti du collége,

____

(1) Civilisation au Ve siècle, t. II, p. 246.

(2) *N. B.* Toutes les citations entre guillemets, dont nous n'indiquons pas
l'auteur, sont d'Ozanam lui-même.

tracer dans une lettre intime les premiers linéaments
du grand œuvre de sa vie : l'*Apologie du Christianisme
par les faits comme par les doctrines*. Il est curieux de
retrouver, dans un recueil fondé et rédigé par ses
maîtres (1), la trace de ses premiers pas dans cette
voie, qu'il poursuivra à travers les études les plus
diverses.

Ainsi, quand la prédication *Saint-Simonienne* vient
arborer en face du Christianisme l'étendard d'une nouvelle religion, Ozanam est tout prêt et la réfutation ne
se fait pas attendre.

Il commence par une exposition historique des
preuves du Catholicisme et démontre ses rapports avec
les croyances universelles et les besoins permanents de
l'humanité. Puis vient une discussion approfondie du
système de Saint-Simon, qui lui permet de conclure
qu'en dépit de toutes ses prétentions « il n'est ni vrai
« dans ses dogmes, ni révélé dans son origine, ni
« bienfaisant dans ses résultats. »

La maturité du style égalait celle des idées : aussi
tout le monde y fut-il trompé, et le père d'Ozanam,
médecin savant et modeste, se vit adresser des félicita-
tions qu'il déclinait pour lui-même, mais qu'il était
d'autant plus fier de rapporter à son philosophe de
dix-huit ans. Pour celui-ci ce ne fut qu'un début. Sûr
désormais de son aptitude et désireux d'accroître ses
forces, il ne craignit pas d'aborder ces colosses de

_______________

(1) *L'Abeille française*, Lyon, 1826 et années suivantes.

science qui effraient notre faiblesse et que nous nous contentons d'admirer de loin. Il semblait que Jacob luttât de nouveau contre l'Ange, et que l'Ange se laissât vaincre par ce juvénile courage. Saint Thomas, l'Ange de l'École, livra tous ses secrets à cet intrépide athlète : mais saint Thomas ne représente pas tous les systèmes, et Ozanam voulait les embrasser tous d'un seul regard et les exposer dans un seul tableau.

Il avisa donc un poëte, pour lequel sa connaissance et son amour de l'italien lui avaient inspiré une sorte de culte. Dante avait voulu populariser sous une forme symbolique toute la philosophie de son temps. C'est cette philosophie qu'il s'agissait de démêler à travers les épisodes si dissemblables de ce poëme, immense comme les trois mondes qu'il embrasse. Ozanam le fit avec une rare sagacité. Dans l'Enfer, il vit une théorie complète du mal à tous ses degrés, considéré tour à tour comme cause et comme effet, comme crime et comme châtiment. Dans le Purgatoire, c'était la lutte du bien et du mal, et le retour graduel de l'homme déchu vers les régions de la lumière et de l'amour. Dans le Paradis enfin, le bien règne sans mélange et l'homme se rapproche de plus en plus de la Divinité, sans se confondre jamais avec Elle.

Restait à faire voir les rapports du poëte avec les philosophes ses maîtres, ses rivaux et ses disciples: Dante continuait à la fois Platon dans tout ce que celui-ci a de nobles aspirations et d'élans vers l'infini, et Aristote, dont il adopte la méthode et les classifications;

il réunit dans sa personne le dogmatisme de saint Thomas, le mysticisme de saint Bonaventure, la science naturelle d'Albert-le-Grand ; enfin, par l'indépendance et la sagesse de ses vues, il devance et prépare à la fois Bacon et Descartes en ce qu'ils ont de pratique, ét Leibnitz en ce qu'il a d'universel.

Dante avait-il bien vu, entrevu du moins tout cela ? Ou bien le jeune philosophe prêtait-il à son héros l'étendue de connaissances et la largeur d'ésprit qu'il avait lui-même ?

Quoi qu'il en soit, il avait tracé, sans le savoir, le plan d'une philosophie catholique vraiment complète, telle que devait, après lui, la réaliser un de ses amis (1).

L'étude des idées ne lui faisait pas négliger les faits. En même temps qu'il préparait cette thèse de philosophie pour le doctorat ès-lettres, il écrivait, comme en se jouant, deux beaux chapitres d'histoire.

Il avait été frappé, en étudiant Bacon, du désaccord qui règne entre la vie et les œuvres de ce philosophe : ce désaccord lui suggéra un parallèle instructif entre ce *chancelier d'Angleterre* et un autre chancelier qui n'avait de commun avec lui que le titre : nous voulons parler de saint Thomas de Cantorbéry. L'un, après avoir donné dans sa jeunesse le spectacle d'un luxe effréné, était devenu tout à coup, au sein des honneurs suprêmes, un modèle d'austérité ; le courtisan

_______________

(1) Le R. P. Gratry, de l'Oratoire de l'Immaculée-Conception.

s'était fait anachorète, l'anachorète avait mérité de mourir martyr. L'autre, par ses labeurs et ses veilles, s'était acquis le renom d'un philosophe profond et d'un génie inventeur : mais son âme était encore plus basse que son esprit n'était élevé : on l'avait vu ramper devant les grands et mendier leur protection, puis repousser loin de lui ses bienfaiteurs, trafiquer des fonctions les plus hautes, et terminer dans l'opprobre et la misère une vie dont l'infamie s'accroît de sa gloire même.

Ozanam, saisi de ce contraste, en avait cherché la cause : il l'avait trouvée dans la différence des époques et des doctrines.

A la première époque, l'Angleterre était encore l'Ile des Saints : à la seconde, elle était devenue le servile domaine de Henri VIII et d'Élisabeth. Mais si les époques ont de l'influence sur les caractères, les doctrines en ont bien davantage : ce qui ressort de cette double étude, c'est surtout l'impuissance de la philosophie à rendre bons ceux mêmes qu'elle fait grands; c'est la toute-puissance de la religion pour élever jusqu'à la plus héroïque sainteté, ceux que le monde semblait avoir énervés de ses caresses; c'est en un mot le lien intime des principes et des actes, de l'incroyance et du vice, de la foi et de la vertu.

Le jeune historien avait trouvé là encore une occasion de combattre pour la vérité; et l'ardeur de ses convictions lui avait inspiré des pages d'une véritable éloquence. Avec quelle énergie il trace le tableau des sentiments si divers que fait naître la nomination de Thomas Becket au siége primatial du royaume anglo-normand ! Ne dirait-on pas une vigoureuse esquisse d'Augustin Thierry, colorée par le pinceau catholique de M. de Montalembert ? S'il décrit les intrigues de la cour d'Élisabeth, on croit entendre comme un écho de la voix grave et indignée de M. Guizot, dénonçant les signes avant-coureurs de cette Révolution dont il s'était fait l'historien.

Dans un autre travail, intitulé *le Protestantisme et la Liberté*, Ozanam se rencontrait avec Balmès, cet écrivain universel comme lui, et qui devait, comme lui, mourir d'une mort si prématurée.

Puis c'était une dissertation sur l'*Origine des biens de l'Église*, où il démontrait la légitimité de ces biens, doublement sacrés ; il y a tant de vérité dans l'exposition des faits, tant de netteté dans le raisonnement, tant de chaleur dans le style, qu'on la dirait écrite d'hier en prévision des événements d'aujourd'hui. — Notons encore un remarquable article sur un ouvrage de M. Michelet, les *Origines du Droit Français*. Sous une forme courtoise, mais finement moqueuse, Ozanam signalait les lacunes de cet essai, où le pittoresque des détails et la suffisance du ton cachaient mal l'insuffisance du savoir. Aussi avec quelle ironie pleine de sens il persifflait « ce poëte qui descendait au rôle « d'historien, ce rêveur qui voulait se faire juge et qui « risquait fort de s'endormir sur son tribunal. » Seulement, lorsque cet écrivain, qui voit partout des sym-

boles, n'en voit point chez les Juifs, où tout était sym-
bole, même la religion ; quand il méconnaît ou ignore
l'influence du Christianisme sur le droit romain qu'il a
transformé, alors le ton du critique s'élève et sa science
vient comme toujours au secours de sa foi.

Quand il écrivait ces deux derniers morceaux, où la
jurisprudence se mêle à l'histoire, il était docteur en
droit. Pour complaire à la prévoyance de ses parents,
il avait étudié dans ce but, on voit avec quel succès : puis
lorsque la ville de Lyon, sa patrie adoptive, jalouse de
sa renommée naissante, créa pour lui une chaire de
Droit commercial, il obéit encore à cette seconde mère ;
et, renonçant à la gloire que la littérature semblait lui
promettre, il entra avec ardeur dans la nouvelle route
qui s'ouvrait devant lui.

Il faut l'entendre se tracer à lui-même son pro-
gramme d'une main ferme et enthousiaste, avec cette
exagération innocente « qui sert de mesure, non pas à
« l'influence qu'on ambitionne, mais aux devoirs qu'on
« s'impose. » Pour lui, l'enseignement du *droit commercial* était avant tout une leçon de probité, et les
traditions de la cité Lyonnaise lui permettaient d'en
faire un véritable cours de *devoirs commerciaux*.

A l'honnêteté des vues il savait joindre l'élévation
des principes : son esprit, si éminemment philosophi-
que, aimait à remonter en toutes choses aux origines
et voulait asseoir chaque science sur ses vrais fondements. C'est donc le droit dans son essence, c'est-à-dire
le juste qu'il étudie, de préférence à l'utile : l'utile
varie, le juste est immuable.

De tout ce cours, malheureusement il ne nous reste
que des notes, mais ce sont les ébauches d'un maître :
un éminent et judicieux magistrat, M. Foisset, les a
jugées « dignes de cette plume qui savait agrandir tout
« ce qu'elle touchait. »

Elle savait même orner les matières les plus ingrates.
C'est ainsi que nous voyons l'austère professeur, au
milieu d'une discussion juridique, rappeler avec grâce
un des plus riants souvenirs de la mythologie. Il com-
pare l'homme isolé « au Narcisse de la Fable qui,
« penché sur les eaux où se réfléchissait son image, y
« demeura immobile, y prit racine et devint fleur. »
Une autre fois, il applique au désaccord de deux frères
célèbres cet hémistiche d'un poëte de l'antiquité :

. . . . . . . . . *Rara est concordia fratrum.*

Il fallait en effet à sa riche imagination un champ
plus vaste et plus fertile que la jurisprudence commer-
ciale. Dans sa vie de clerc de notaire et d'étudiant, sait-
on quels avaient été ses passe-temps favoris ? Il s'était
mis à approfondir les littératures classiques, puis les
langues vivantes de l'Europe ; il avait même entrepris
une excursion dans les idiomes de l'Orient : dans l'hé-
breu d'abord, cette langue de la Bible, dont il s'était fait
une pieuse habitude de lire chaque jour quelques pages ;
puis dans le sanscrit, qui lui ouvrait, avec les origines
du grec et du latin, la civilisation primitive de l'Inde :
il en avait rapporté une étude sur le *Bouddhisme*, exacte
et sérieuse comme tout ce qui sortait de sa plume.

Aussi, quand on institua l'agrégation de faculté, les amis d'Ozanam le rappelèrent de Lyon à Paris et le convièrent à s'y présenter. Nul ne leur semblait plus capable d'affronter ces épreuves toutes nouvelles, qui demandaient la réunion des talents les plus divers ; Ozanam suffit à tout ; il domina ses rivaux (1) et il étonna ses juges. Le doyen de la Faculté fut heureux de proclamer « sa manière large et ferme de concevoir les « questions, la grandeur de ses commentaires et de « ses plans, ses vues hardies et justes, un langage « enfin qui, alliant l'originalité à la raison et l'imagina- « tion à la gravité, paraissait éminemment convenir « au professorat public (2). »

Le professorat public, telle était en effet la vraie vocation d'Ozanam : mais il lui fallait une chaire, où le philosophe, l'historien, le juriste, pût mettre au service de l'orateur le triple arsenal des idées, des faits, des institutions, pour défendre et venger la vérité. Quelle chaire pouvait se prêter à cette variété d'études, à cette ambition de dévouement ?

La Providence y avait pourvu.

Un des juges de ce brillant concours avait vu créer pour lui, quelques années auparavant, le *Cours de Littérature étrangère :* parvenu alors au déclin de la vie, M. Fauriel s'empressa de confier à ce savant de

(1) A leur tête se trouvait M. Egger, notre savant maître : nous sommes heureux d'associer son nom à celui d'Ozanam, dont il demeura l'ami après ce tournoi littéraire, où n'avait cessé de régner la courtoisie la plus chevaleresque.

(2) Rapport de M. J. V. Leclerc, 3 octobre 1840.

vingt-sept ans la survivance d'un héritage, lourd pour tout autre, mais qu'Ozanam allait encore agrandir.

C'était pourtant une nouveauté périlleuse et qui exigeait autant de prudence que d'audace. Dans ses revues rapides et savantes des différents siècles de la littérature française, M. Villemain avait bien indiqué ce que nous devions aux langues étrangères, ce qu'elles-mêmes peut-être ne faisaient que nous rendre. Il avait successivement montré les emprunts faits à l'Italie dans le XVI<sup>e</sup> siècle, à l'Espagne dans le XVII<sup>e</sup>, à l'Angleterre au siècle dernier, dans le nôtre enfin à l'Allemagne. Mais ce qu'il n'avait pas fait, ce que le cadre de son Cours ne comportait pas, c'était d'aller étudier chez elles ces nations sœurs de la nôtre, filles comme elle de la civilisation antique, tour à tour comme elle reines du monde moderne. C'était de relever la part qui revenait à chacune dans l'héritage immense laissé par l'Empire romain et ce que chacune avait ajouté à ce patrimoine. Tâche infinie autant que délicate, qui demandait un goût sûr, uni à une vaste érudition.

M. Fauriel y avait mis la persévérance et l'esprit d'investigation qui caractérisaient son talent. L'*Histoire de la Gaule* et le *Cours de Littérature provençale* avaient été les deux principaux produits de ses laborieuses recherches. Une *Vie du Dante*, où il disait le dernier mot de la science sur les vicissitudes de l'existence du grand poëte, suggéra à son jeune suppléant, naguère encore son auditeur, l'idée d'un commentaire suivi et d'une explication littérale de la *Divine Comédie*.

Ce fut par là qu'Ozanam rattacha modestement son Cours à celui de son prédécesseur. Durant les dix années d'un enseignement trop souvent interrompu, une leçon par semaine fut consacrée à ce poëme, qui avait été l'objet de ses études favorites. On se souvient de sa thèse française pour le doctorat ès-lettres : la thèse latine recherchait les *Sources Poétiques de la Divine Comédie*. Ozanam y déroulait les preuves innombrables de cette heureuse assertion d'un de ses amis (1) : « On « va à Dante par tout ce qui l'a précédé, comme on va « à la mer par tous les fleuves. » Aussi, renouvelant en l'honneur du grand Florentin l'hommage que lui avaient décerné pendant plusieurs siècles les Universités de l'Italie, son moderne commentateur trouvait moyen de rattacher à cette œuvre gigantesque les questions les plus diverses. Un jour, c'était l'usage de la mytho-logie chez les poëtes chrétiens ; une autre fois, à propos de bas-reliefs si merveilleux, que

« Morti li morti e i vivi parean vivi (2), »

« Les morts paraissaient morts et les vivants vivants, »

il énonçait une théorie complète de l'art ; ou bien en-core, résumant le poëme entier, il appliquait avec un sourire plein de profondeur, un des sens multiples de cette triple allégorie : l'Enfer, disait-il, c'était la Poli-

(1) J. J. Ampère.
(2) *Purg.*, c. XII.

tique; le Purgatoire, la Science humaine; et le Paradis
enfin, la Théologie ou la Science divine (1).

Mais c'est surtout pour sa grande leçon de littérature
générale qu'il réserve ses efforts. Aux immenses travaux de sa studieuse jeunesse, il ajoute une préparation spéciale et approfondie de chaque leçon. Dès la
veille il s'isole complétement, et s'enferme seul avec
son sujet : il en circonscrit les limites, il en rassemble
lentement les matériaux, puis il médite... Il médite de
longues heures, dans une contemplation assidue de cet
amas de documents, se pénétrant peu à peu du sens
qu'ils recèlent, cherchant à saisir, au milieu de ce
chaos, l'idée générale qui s'en dégage et la grande
vérité morale qui doit en ressortir. Une fois qu'il l'a
trouvée, il s'y attache avec une inébranlable fixité. A ce
but final viennent converger sans contrainte des élé-
ments souvent disparates : comme ces masses confuses
d'hommes épars qui, au signal d'un chef habile, se
groupent sans hésitation et sans retard et se forment
en bataillons; naguère encore ce n'était qu'une foule,
maintenant c'est une armée. Ozanam range avec la plus
sévère discipline cette armée d'arguments et de faits;
et, les yeux fixés sur l'ennemi qu'il veut frapper, il la
conduit au combat.

(1) Qu'il nous soit permis d'exprimer un vœu. Les commentaires et les traduc-
tions d'Ozanam sont restés inachevés, mais il n'y manque qu'une dizaine de chants.

Le jeune et savant disciple d'Ozanam, qui s'est fait son intelligent éditeur et qui
occupe, à Lyon précisément la chaire de littérature étrangère, ne pourrait-il
pas achever ce travail et associer une fois de plus son nom et son œuvre à
ceux de ce maître chéri ?

Mais auparavant il se recueille, il invoque les lumières de l'Esprit-Saint et le secours de Dieu. Puis il part, et quand il monte dans sa chaire, on peut lire sur son front chargé de pensées les traces de cette longue méditation. Son regard est fixe; il ne voit, il n'entend rien de ce qui se passe autour de lui. En vain, les rangs sont pressés et les flots de l'auditoire refluent jusqu'à la chaire qu'ils enveloppent de tous côtés. Lui, demeure absorbé dans une sorte d'extase, comme à l'aspect d'une apparition idéale. Tout à coup un geste brusque, fébrile, trahit à la fois la timidité naturelle de l'orateur et la résolution que le devoir lui dicte. Ses premières paroles sont indécises et traînantes : il semble sortir d'un rêve et se retrouver en face d'une réalité qu'il n'a pas prévue. L'auditoire, anxieux, haletant, ému de cette hésitation, l'encourage par le plus religieux silence. Peu à peu l'orateur se rassure, sa phrase prend de l'aplomb, le sol s'affermit sous ses pas, il avance et il déploie les grandes faces de son sujet. Tantôt ce sont ces nobles et austères figures, les Grégoire VII, les Alexandre III, persécutés *pour avoir aimé la justice et haï l'iniquité*; tantôt, ces institutions monastiques, qui furent pour l'Occident un refuge contre la barbarie et le foyer de la civilisation renaissante. A ces tableaux saisissants de grandeur et de vérité, les auditeurs éclatent en applaudissements chaleureux. Oubliant alors toute timidité, le professeur élève la voix et fait hautement retentir les plus solennels arrêts. On croit entendre un de ces prophètes de l'ancienne

Loi, envoyés de Dieu pour plaider la cause de l'innocence devant l'iniquité triomphante : tant il y a dans ses paroles d'accents inspirés, dans ses regards de feu vengeur ! Tour à tour véhément et pathétique, il a des larmes pour toutes les victimes, des anathèmes pour tous les bourreaux. A ces cris partis du cœur, les applaudissements redoublent et acclament le triomphe de l'orateur enivré, mais épuisé.

Il s'y épuisait en effet, mais son zèle l'emportait comme malgré lui : il se considérait comme investi d'une mission, et l'histoire lui semblait un sacerdoce. Écoutons-le en tracer les devoirs dans une page trop peu connue : « Dante ne divinisa pas l'humanité en la « représentant suffisante à soi-même, sans autre lu- « mière que sa raison, sans autre règle que son vouloir. « Il ne l'enferma pas non plus dans le cercle vicieux de « ses destinées terrestres, comme le font ceux pour « qui les événements historiques ne sont que les causes « et les effets nécessaires d'autres événements passés « ou futurs. Il ne plaça l'humanité ni si haut ni si bas. « Il vit qu'elle n'est point tout entière dans ce monde, « où elle passe en quelque sorte par essaims ; il alla « tout d'abord la chercher au terme du voyage, où les « innombrables pèlerins de la vie sont rassemblés pour « toujours. On a dit que Bossuet, la verge de Moïse à « la main, chasse les générations au tombeau. On peut « dire que Dante les y attend avec la balance du juge- « ment dernier. Appuyé sur la vérité qu'elles durent « croire et sur la justice qu'elles durent servir, il pèse

« leurs œuvres au poids de l'éternité. Il leur montre, à
« droite et à gauche, la place que leur ont faite leurs cri-
« mes ou leurs vertus; et la multitude, à sa voix, se di-
« vise et s'écoule par la porte des enfers ou par les che-
« mins des cieux. Ainsi, avec la pensée des destinées éter-
« nelles, la moralité rentre dans l'histoire; l'humanité,
« humiliée sous la loi de la mort, se relève par la loi
« du devoir; et, si on lui refuse les honneurs d'une
« orgueilleuse apothéose, on lui sauve aussi l'opprobre
« d'un fatalisme brutal (1). »

C'est avec cette chaleur de conviction et cette hauteur
de vues qu'il exposa l'histoire successive des nations
chrétiennes; rivalisant tour à tour de profondeur et
d'énergie avec les Allemands, de grâce avec les Ita-
liens, de sens politique avec les Anglais, de foi chevaleresque avec les Espagnols.

De ces improvisations si instructives et si variées, il
n'est malheureusement sorti qu'un seul livre: les
*Études Germaniques.*

A la vue du prodigieux mouvement des sciences
historiques en Allemagne, Ozanam avait senti le besoin
de mettre de l'ordre — et aussi du bon sens — dans ce
chaos de matériaux indigestes, entassés par les savants
d'outre-Rhin.

On peut dire de l'Allemagne et de la France ce qu'on
a dit de l'Asie antique et de la Grèce (2) : « La pre-

---

(1) *Dante et la philosophie catholique:* t. VI, p. 322 des *Œuvres Complètes*

(2) Le savant et regrettable Eugène Burnouf.

1*

mière roule des blocs, et la seconde les cisèle. » Aussi notre historien se donne-t-il moins pour un inventeur que pour un architecte ; architecte plein d'art, on va le voir, mais exempt de tout système. Ce qui le frappe d'abord dans les races germaniques, à travers l'obscurité de leurs origines et la diversité de leurs traditions, c'est la *barbarie* dans toute sa rudesse et dans sa sauvage grandeur. Pour la peindre, il emprunte tour à tour à Tacite son immortel crayon et aux chants de l'Edda leurs teintes éclatantes ou lugubres. Il approfondit les lois, la religion, la langue de ces races neuves et énergiques, et y découvre, derrière de nobles instincts et des aspirations élevées, mille superstitions honteuses et sanguinaires, et par-dessus tout une indomptable férocité.

Arrive l'époque où les armes *romaines* franchissent le sanctuaire inviolable de leurs forêts. La lutte est longue, acharnée, les succès divers : toutefois Rome finit par mettre « la main de ses légions sur les terres « conquises, la main de ses proconsuls sur les popu- « lations. » Par ses lois elle discipline les vaincus, elle établit du moins parmi eux une sorte de police qui les tient en respect. L'auteur détermine avec précision l'empreinte de Rome sur ce sol rebelle : il dit comment elle le traverse de routes militaires, elle le hérisse çà et là de camps retranchés qui seront des villes, elle le laboure profondément par trois cents ans de guerres terribles ; mais elle n'a rien à jeter dans le sillon.

Au *Christianisme* était réservé de l'ensemencer et d'y

faire germer une moisson féconde. Toutefois ce ne fut
pas l'affaire d'un siècle. Le fleuve des invasions se
renouvelait sans cesse, couvrant de ses flots les digues
mêmes qu'on lui avait opposées : les générations d'apôtres se succédaient, défrichant, sans jamais se décou-
rager, ces terres bouleversées, mais aussi fertilisées par
des inondations périodiques. Après les Francs de Clovis
et de saint Remi, accourent les colonies irlandaises, con-
duites par saint Colomban ; puis saint Boniface amène
ses Anglo-Saxons ; Charlemagne enfin refoule et dompte
les Saxons eux-mêmes, ce dernier flot de l'invasion.

L'historien chrétien est heureux d'avoir à dérouler le
tableau de ces conquêtes de sa foi. Il raconte comment,
plus ambitieux que l'empire romain, le Christianisme
réussit mieux que lui ; car il finit par s'assujettir, non
pas seulement le territoire, mais les intelligences et les
volontés. Pour y parvenir, « il développa dans les
« mœurs, il consacra dans les lois de ces peuples deux
« sentiments que le monde antique n'avait pas connus,
« le respect pour la dignité de l'homme et pour la fai-
« blesse de la femme (1). »

Il y parvint surtout en les disciplinant par le travail :
car le caractère essentiel de la barbarie, c'est l'indisci-
pline. Aussi, après avoir montré comment les écoles

(1) Qu'on ne dise pas que ces sentiments auraient suffi sans lui à civiliser, avec
le temps, ces races heureusement douées : si l'on se rappelle leur violence et leur
grossièreté, on conviendra, avec un illustre ami d'Ozanam, que *l'obstacle égalait
s'il ne surpassait le concours.* (V. Nicolas, La Vierge Marie vivant dans l'Église,
t. II, p. 311.) Nous sommes heureux de lui rendre les éloges qu'il décerne à
Ozanam.

achevèrent et perpétuèrent l'œuvre des missions, l'auteur peut-il répondre victorieusement à ces Teutons du XIXᵉ siècle, qui se lamentent de ce que la mansuétude catholique leur ait gâté leurs farouches ancêtres. Il les réfute par cette comparaison, que nous croyons encore l'entendre exprimer d'une voix vibrante et où le bonheur des images, prises comme toujours dans le sujet, fait ressortir à merveille la justesse du raisonnement.

« Lorsqu'on s'enfonce dans les vallées des Vosges et
« du Jura, au cœur de ces âpres contrées où les vieilles
« mœurs germaniques se défendirent si longtemps, on
« est d'abord frappé de la sauvage majesté de ces
« lieux. Mais en y regardant de plus près, on trouve
« qu'une puissance plus grande que la nature, je veux
« dire le travail, la poursuit jusque dans ce sanctuaire,
« la subjugue et la met à son service, sans rien épar-
« gner de ce qui semblait créé pour la liberté et pour
« le repos. Quoi de plus calme que ces grands arbres
« qu'on croirait nés pour ne rien faire, comme les fils
« des anciens rois? Il faudra pourtant qu'ils descendent
« de leurs rochers, pour aller servir le paysan qui leur
« fera porter le toit de sa maison ou le navigateur qui
« en formera les flancs de ses vaisseaux. Quoi de plus
« libre que le torrent? Et cependant on est venu le
« chercher dans son lit; on l'emprisonne, on l'attache
« comme un esclave à la meule. Ne dites pas que ces
« usines déshonorent la sauvage beauté du désert : le
« bruit des marteaux et la fumée des forges vous

« apprennent que la création obéit à l'homme, et
« l'homme à Dieu (1). »

Après avoir terminé ses recherches sur les écoles aux
temps barbares (2), Ozanam fut chargé par le ministre
de l'instruction publique d'aller faire le même travail
sur les écoles en Italie : il en rapporta, avec un savant
mémoire, un joyau littéraire du plus grand prix.

On sait que, dans les mers d'Orient, d'intrépides plon-
geurs passent leur vie à explorer les profondeurs de
l'Océan : ils en rapportent des coquilles rudes et gros-
sières, vides plus souvent encore : parfois pourtant, au
sein d'une de ces écailles, se trouve une perle précieuse
que les rayons du soleil font resplendir de mille feux :
ce jour-là, le pauvre plongeur est payé avec usure de
toutes ses fatigues. Tel fut le bonheur d'Ozanam, le jour
où il recueillit cette perle sans rivale qui s'appelle *les
Poëtes Franciscains en Italie au* XIII<sup>e</sup> *siècle.*

Un critique animé d'un vif sentiment de l'art avait
retrouvé, quelques années auparavant, les traces de
cette école Ombrienne qui, de Giotto à Pérugin, en

---

(1) *Études Germaniques*, t. II. p. 553.

(2) Ozanam eut, contre son attente, la bonne fortune de faire une découverte. On
avait bien entendu parler d'une école publique qui perpétuait à Toulouse, durant
les plus mauvais jours des invasions, les traditions littéraires : on savait même
qu'un grammairien du VI<sup>e</sup> siècle s'y était fait une réputation en prenant le nom
de *Virgilius Maro*, seul trait de ressemblance qu'il eût avec le cygne de Man-
toue. Mais quel était cet enseignement? Qui pouvait en pénétrer le sens caché,
à travers les inextricables détours d'une langue secrète, contenant onze sortes de
latin à côté du véritable? Ozanam déchiffra cette énigme avec une sagacité qui
tient de la divination : ce fut là comme la récompense de ses consciencieuses
Études sur les Germains.

passant par Orcagna et par Fra Angelico, préluda aux merveilles des écoles de Florence et de Rome, et prépara les voies à Michel-Ange et à Raphaël : il avait retracé avec amour les premiers essais de l'art chrétien, dans cette pure et naïve adolescence dont les grâces fraîches et simples plaisaient à quelques-uns plus que toute la science de l'âge mûr.

Ce que M. Rio avait fait pour la peinture, Ozanam le faisait pour la poésie : il retrouvait les titres nobiliaires des grands poëtes de l'Italie, et il leur découvrait des ancêtres. Il mettait la main « sur ce nid d'où de- « vaient prendre leur essor ces trois aigles de la poésie « chrétienne: Dante, Pétrarque, le Tasse. » Par une coïncidence facile à comprendre, c'était encore l'Ombrie qui était le berceau de l'art des vers : c'était encore saint François-d'Assise qui l'inspirait et lui donnait son nom. Aussi avec quel bonheur, avec quel essor d'enthousiasme, l'historien de la littérature s'élance à son tour à travers ces poétiques vallées, pour y butiner le miel de toutes les fleurs et en composer ses rayons odorants ! Son livre a toute la réalité de l'histoire et tout le charme de la légende : soit qu'il reproduise les chants d'amour de ce fervent saint François, ou bien encore les hymnes et les poëmes de ses disciples ; soit qu'il raconte les vicissitudes de la vie du bienheureux Jacopone de Todi, perdant au milieu d'une fête populaire une épouse qu'il adore et allant chercher dans un cloître la pénitence, mais sans y trouver le repos. C'est lui, qui, devenu moine, compose en italien et en latin des poésies de toutes sortes, satires amères, odes enflammées, dialogues pleins de gémissements et d'extases : on y remarque surtout le *Stabat,* « cette « complainte si triste, dont les strophes monotones « tombent comme des larmes; si douce qu'on y recon-« naît bien une douleur toute divine et consolée par « les anges; si simple enfin dans son latin populaire, « que les femmes et les enfants en comprennent la « moitié par les mots, l'autre moitié par le chant et « par le cœur.» Ozanam faisait connaître à la France un autre *Stabat,* du même auteur, où sont célébrées les joies de la maternité divine auprès de la crèche, comme dans le premier les indicibles angoisses de la Croix.

Ce séjour en Italie lui présenta un spectacle qui devait remplir son âme d'allégresse d'abord, puis d'amertume. Il assista à ces premiers triomphes de Pie IX, réconciliant dans sa personne sacrée la Religion et la Liberté. Ozanam en fut doublement heureux. Mais, sous les fleurs des ovations, il ne tarda pas à voir se glisser en rampant l'ingratitude, prête à se redresser et à percer de son dard venimeux le cœur du plus paternel des rois. On le vit alors plus d'une fois, sur les places publiques de Rome, adresser à ce peuple intelligent et bon, mais mobile et trompé, de graves et austères conseils et s'efforcer de le rendre digne de la liberté, en lui en rappelant les conditions et le contrepoids nécessaire. Puis il envoyait à ses amis de France un article doulòureusement prophétique sur les *Dangers de Rome et ses Espérances.*

Les dangers devaient, hélas ! faire échouer les espérances. La révolution de février éclata. Elle apporta une complication nouvelle à ses travaux déjà si multipliés. Sans négliger son enseignement, il crut devoir concourir, pour sa part, à la défense de la société. Il composa, contre les excès de la révolution déchaînée, des articles pleins de science et de vigueur. Deux surtout, sur le *Divorce* et sur les *Origines du Socialisme*, ont mérité de prendre place dans le recueil durable de ses œuvres. Il donnait à tous des conseils que personne ne voulut entendre, et son âme, plus généreuse que pratique, vit en France comme en Italie tomber peu à peu ses illusions les plus chères. Après cette nouvelle déception, il se remit tout entier à ses études, «résolu de saisir « le peu qui restait des rayons de la jeunesse et de tenir « à Dieu les promesses de ses dix-huit ans. »

Son projet était immense et lui seul était capable, sinon de le concevoir, du moins de l'exécuter. Après avoir étudié à part et successivement les origines des littératures étrangères et la formation des nationalités diverses qui nous entourent, il entreprenait d'exposer leur éducation commune : il s'agissait, on le voit, de l'histoire complète de la civilisation chrétienne dans les temps barbares ; car ce qu'il cherchait dans les lettres, « c'était la civilisation dont elles sont la fleur, et dans « la civilisation le Christianisme» qui en est la sève. Il se proposait donc « de montrer comment le Christia- « nisme sut tirer des ruines romaines et des tribus « campées sur ces ruines une société nouvelle, capable

« de posséder le vrai, de faire le bien et de trouver le
« beau. » Elle le devint au moyen des trois vertus fon-
damentales que lui seul peut inspirer : la Foi, la Charité, l'Espérance. Mais sa tâche était d'autant plus
rude qu'il avait à lutter à la fois contre le paganisme,
impérissable comme le cœur humain dont il flatte tous
les penchants, et contre la barbarie, dont il fallait sou-
mettre l'orgueilleuse violence. Aussi, dans le tableau
de cette éducation laborieuse, l'auteur croyait ajouter
au triomphe de la religion en ne dissimulant rien des
obstacles qu'elle eut à vaincre. « Il faut savoir, disait-il,
« louer la majesté des cathédrales et l'héroïsme des
« croisades sans absoudre les horreurs d'une guerre
« éternelle, la dureté des institutions féodales, le scan-
« dale de ces rois toujours en lutte avec le Saint-Siége
« pour leurs divorces et leurs simonies. Il faut voir le
« mal tel qu'il fut, c'est-à-dire formidable, précisé-
« ment afin de mieux connaître les services de l'Église,
« dont la gloire, dans ces siècles mal étudiés, n'est pas
« d'avoir régné, mais d'avoir combattu. »

Entre le monde antique et le monde moderne, les
invasions des barbares semblent avoir creusé un abîme
où tout s'engloutit. Ozanam s'attacha, et ce fut là une
vue neuve autant que juste, non pas à combler, mais
à franchir cet abîme. Il jeta d'une rive à l'autre un de
ces ponts hardis et légers d'où l'on domine tout ce qui
s'écoule sans retour. Il parvint ainsi à relier entre eux
ces deux mondes si profondément distincts et à renouer
la tradition des Lettres, de la Philosophie, du Droit,

des Croyances même, « se perpétuant dans l'Église ou
« malgré l'Église, pour faire l'éducation du moyen-
« âge ou pour en faire le scandale. »

Il devait donc remonter jusqu'au Vᵉ siècle; et c'est à
en retracer l'image qu'il consacra la première année de
ce Cours, si ingénieusement renouvelé et agrandi.

« A cette époque, où il semble que toute civilisation
« va finir, l'historien trouve deux civilisations en pré-
« sence, l'une païenne, l'autre chrétienne, chacune
« avec ses destinées, ses lois, sa littérature. » D'un
côté, le paganisme survit dans les esprits, les mœurs et
les institutions de ce monde romain, si brillant et si
corrompu : on ne croit plus aux dieux, mais on aime
trop leurs exemples pour renoncer à leur culte, devenu
plus voluptueux que sanglant. D'ailleurs, pour assouvir
cet instinct de cruauté qui reste vivace au fond du
cœur, n'a-t-on pas les luttes de l'amphithéâtre ? Toutes
les fêtes sont ainsi au service de toutes les concupis-
cences. La littérature enfin flatte les goûts de ce ramas
de peuples où il y a de tout, excepté des Romains. La
poésie effeuille des roses dans les festins des heureux de
la terre, et l'éloquence brûle un encens servile aux pieds
des idoles d'un jour qui se succèdent sur le trône des
Césars.

Que va faire le Christianisme de ce vieux monde qui
meurt, mais qui veut *mourir en riant ?* C'est ce que
l'orateur nous apprend dans une suite de tableaux où
il montre tour à tour le *droit chrétien*, éclairant de
ses reflets d'abord sous les empereurs idolâtres, puis

de ses rayons directs (1) sous Constantin et ses successeurs, ce monde qu'il eût pu détruire, qu'il aima mieux transformer ; les *lettres* pénétrant peu à peu dans l'Église et l'Église les accueillant comme une préparation au Christianisme ; la *théologie* redressant par ses dogmes inflexibles les mille erreurs du paganisme et de l'hérésie, concentrées à cette époque dans le manichéisme d'un côté, le pélagianisme de l'autre ; la *philosophie chrétienne* renouant chez saint Augustin les plus sublimes traditions de Platon, demeurées à l'état d'aspirations confuses, les éprouvant au creuset de la révélation et les élevant à la hauteur d'une inébranlable certitude ; la *papauté* arrêtant d'un mot le torrent des invasions ; le *monachisme* préparant aux races nouvelles des précepteurs autant que des apôtres ; les *mœurs chrétiennes* pleines de respect pour l'esclave, l'indigent et l'ouvrier, ces déshérités du monde antique ; la *femme* réhabilitée et le mariage rendu sacré ; la *langue* elle-même associée à ce mouvement de rénovation universelle ; l'*éloquence*, l'*histoire*, la *poésie*, l'*art* enfin, baptisés pour ainsi dire et s'essayant, non sans éclat parfois, à célébrer ce qu'ils avaient méconnu, à flétrir ce qu'ils avaient adoré. Dans cette esquisse incomplète nous n'avons point parlé de deux leçons restées inachevées : l'une où l'on devait voir la *civilisation matérielle* métamorphosée comme tout le reste :

(1) Nous empruntons cette image à l'un des derniers travaux sortis de la plume d'un éminent jurisconsulte, M. de Vatimesnil, qui s'est plus d'une fois rencontré avec Ozanam.

les demeures des anciens annoncent des hommes qui ne vivaient que de la vie publique, les nôtres sont faites pour la vie de famille : quant aux édifices destinés à tous, au lieu de théâtres et de bains, lieux de corruption et de plaisir, le Christianisme construit des écoles, des hôpitaux, des églises, pour le travail, la souffrance et la prière. Dans l'autre leçon se dessinent déjà les traits caractéristiques de chacun des peuples néolatins : le Gaulois, habile à parler comme à combattre, l'Italien né pour l'enseignement sacré et le gouvernement, l'Espagnol avec son goût pour les aventures et son esprit d'apostolat. Mais surtout, ce que nous n'avons pu même indiquer, c'est ce mouvement spontané, réglé pourtant, d'une pensée ardente et maîtresse d'elle-même ; cette plénitude de sens et cette richesse de détails dans un espace restreint avec art ; cette multiplicité d'aperçus neufs et profonds ; cette éloquence continue qui passionne tout, jusqu'à la métaphysique, jusqu'à la grammaire ; cet ensemble enfin qui fait qu'on peut dire de ce livre « dominé par une pensée et rayon-« nant de mille souvenirs (1) », que chaque leçon est le produit de vingt années d'études, habilement condensées dans une heure d'improvisation chaleureuse.

Tel était ce Cours qui devait durer dix années environ, embrassant chacune un des siècles si tourmentés et si dramatiques dont se compose le moyen-âge : par son succès et sa variété, il rappelle et résume à la fois

_______

(1) M. Villemain.

les trois Cours fameux où la philosophie représentée
par M. Cousin, l'histoire par M. Guizot, la littérature
par M. Villemain, attiraient une jeunesse ardente,
curieuse des choses de l'esprit. Mais sa forme et ses
tendances lui donneraient plus d'un air de parenté avec
les discours de Lacordaire et de Montalembert, les
deux illustres amis d'Ozanam : si le professeur n'a en
effet ni les illuminations soudaines et l'action incompa-
rable du Dominicain, ni la diction savante du Pair de
France et sa puissante ironie, du moins les accents qui
s'échappent de sa poitrine sont d'une chaleur et d'une
persuasion tellement communicatives qu'il enflamme
les plus froids, qu'il désarme, qu'il séduit les plus
hostiles.

On pouvait aussi remarquer dans son style, soit
parlé, soit écrit, un progrès continu. Ferme et nourri,
nerveux et coloré dès le début, on y sentait peut-être
un peu trop l'effort et aussi cette plénitude excessive
qui naît de l'abondance même du savoir. Mais Ozanam
avait, pour bien écrire, les deux qualités que réclame
Joubert, « une facilité naturelle et une difficulté
« acquise. » Par sa sévérité envers lui-même, il était
parvenu à épurer de plus en plus son style, comme
ces liqueurs généreuses qui déposent, avec le temps, le
limon dont elles sont chargées et acquièrent chaque
année plus de limpidité et de parfum.

Français par l'éducation, Ozanam était italien par
l'imagination comme par la naissance. Nous avons vu
la persévérance de son culte envers le grand Florentin ;

c'est à lui qu'il doit sans doute cette concision pleine d'art et ces traits soudains, parfois énergiques et sombres comme un anathème de l'Enfer, plus souvent gracieux et suaves comme une prière du Paradis. — C'est ainsi qu'il parvint à féconder par le travail les heureuses facultés d'une riche nature et à réunir les dons les plus opposés : la verve unie à la méditation, l'érudition à l'éloquence, la poésie à la piété; une diction à la fois brillante et sobre, moderne par la couleur, mais antique par le dessin; tout cet ensemble enfin, qui fait d'Ozanam une des plus originales et des plus charmantes physionomies de la littérature contemporaine.

Aussi, tandis que Dante payait à son dernier, à son plus illustre commentateur la dette de la reconnaissance et lui ouvrait les portes de l'Académie de Florence, sa patrie devenue moins ingrate; tandis que notre Académie des Inscriptions couronnait de son plus beau prix le savant travail sur les *Germains*; l'Académie française, un peu confuse de se voir devancée dans ses hommages, désolée surtout de ne pouvoir plus ouvrir ses portes à l'auteur des *Poëtes Franciscains*, honorait du moins sa *Civilisation au* $V^e$ *siècle* d'une récompense qui semblait créée pour lui : en inaugurant, à cette occasion, le *prix de haute littérature*, elle saluait dans Ozanam un de ses pairs plutôt qu'un de ses lauréats; elle relevait cette distinction par un arrêt longuement motivé, qui, dans la bouche de son illustre secrétaire perpétuel, était le plus éloquent des éloges.

Éloge funèbre, hélas ! car celui que l'on couronnait n'était plus. Il avait pu conduire ses travaux « jusqu'au « point où ils pouvaient, disait-il, servir de fondement « à un ouvrage longtemps rêvé ; » mais l'édifice était demeuré inachevé, et la grandeur du plan, la solidité élégante des premières assises excitent les regrets en même temps que l'admiration. Un autre édifice avait été plus vite terminé : celui que chacun de nous doit construire pour s'en faire un abri, un palais, dans une vie moins éphémère..... Aussi, au moment où ce talent supérieur semblait prendre les proportions du génie; où cette célébrité allait devenir de la gloire, Ozanam quittait ce monde, où tout commence mais où rien ne finit ; son âme était mûre avant que son esprit eût pu donner ses fruits les plus savoureux ; le Ciel avait hâte de couronner à son tour une vie plus belle encore que tous ses écrits.

## II.

Dans Frédéric Ozanam, nous avons montré le savant ; il nous reste maintenant à faire voir le chrétien. C'est finir, il est vrai, par où l'on commence le plus souvent. Mais l'intérêt nous a semblé devoir y gagner : car si son intelligence était grande et belle, nous ne craignons pas de le redire, son âme fut plus belle encore (1).

Frédéric Ozanam avait eu le bonheur de naître de parents chrétiens et instruits, et de puiser au sein de sa famille le double amour de la religion et des lettres. Il avait eu pour première institutrice « une sœur, dit-il « lui-même, pieuse comme les anges, qu'elle est allée « rejoindre, à peine âgée de dix-neuf ans, avant d'a-

(1) Pour la peindre dignement, il faudrait avoir été admis dans l'intimité de sa vie de chaque jour ; il faudrait du moins avoir pris connaissance de cette correspondance si précieuse, dont une main discrète à l'excès ne laisse arriver jusqu'au public que de trop rares fragments. Nous l'essayons pourtant, à l'aide de nos propres souvenirs et de ceux que nous avons pu recueillir çà et là sur cette chère mémoire.

« voir connu d'autre amour que celui de Dieu. » La docilité du jeune Ozanam égalait son intelligence ; et sa reconnaissance trouva moyen de se manifester à un âge où d'ordinaire on ne donne à ses parents que des inquiétudes, tout au plus des espérances. Il avait dix-sept ans lorsqu'il dédia aux siens un recueil de poésies latines, avec une double dédicace, latine pour son père, française pour sa mère. Ce père et cette mère étaient dignes d'un tel amour. Ils donnaient à leurs trois fils, avec une éducation forte et aimante tout à la fois, l'exemple de toutes les vertus. Des plumes illustres ont raconté comment, de bonne heure infirmes tous deux, ils s'étaient mutuellement interdit, dans leurs visites au chevet de l'indigence, de monter aux plus hauts étages des hautes maisons de Lyon, et comment plus d'une fois ils se prirent l'un l'autre en flagrant délit. Touchante charité dont Frédéric se souviendra.....

Son père mourut jeune, victime de cette charité : Ozanam a crayonné lui-même quelque part les principaux traits de cette vie, si exemplaire et si éprouvée. Mais il faut surtout l'entendre parler de sa mère. « Notre mère, dit-il, manqua-t-elle de patience, de « douceur et de fermeté ? Elle tenait toujours le frein, « et pourtant nous ne sentions jamais sa main peser « sur nous. Elle nous gouvernait par la confiance, par « l'honneur, par le sentiment du devoir.... »

Aussi quand il la perd, on peut juger de sa douleur : « Quelle perte, s'écrie-t-il, pour les intérêts de mon « âme ! douces exhortations, puissants exemples, fer-

« veur qui réchauffait mon cœur tiède, encourage-
« ments qui relevaïent mes forces. Et puis, c'était elle
« dont les premiers enseignements m'avaient donné la
« foi; elle qui était pour moi comme une image vivante
« de la sainte Église, notre mère aussi; elle qui me
« semblait la plus parfaite expression de la Provi-
« dence. »

Le vide que cette mort laissa dans son cœur ne pouvait être comblé que par une affection aussi ardente et
aussi pure; « car, disait-il, le travail, qui occupe l'es-
« prit, ne peut rien sur le cœur. » Il éprouvait donc le
besoin de retrouver dans une épouse accomplie l'image
de sa digne mère.

Mais veut-on savoir l'idée qu'il se faisait du mariage
chrétien? qu'on lise cette page où, derrière les considé-
rations de l'auteur, on sent battre le cœur de l'homme.

« Dans le mariage, il y a autre chose qu'un contrat;
« par-dessus tout, il y a un sacrifice, ou mieux, deux
« sacrifices : la femme sacrifie ce que Dieu lui a donné
« d'irréparable, ce qui fait la sollicitude de sa mère,
« sa première beauté, souvent sa santé, et ce pouvoir
« d'aimer que les femmes n'ont qu'une fois; l'homme,
« à son tour, sacrifie la liberté de sa jeunesse, ces
« années incomparables qui ne reviendront plus, ce
« pouvoir de se dévouer pour celle qu'il aime, qu'on
« ne trouve qu'au commencement de la vie, et cet
« effort d'un premier amour pour lui faire un sort
« glorieux et doux. Voilà ce que l'homme ne peut faire
« qu'une fois, entre vingt et trente ans, un peu plus

« tôt, un peu plus tard, peut-être jamais!.... Voilà
« pourquoi je dis que le mariage chrétien est un double
« sacrifice; ce sont deux coupes : dans l'une se trouve
« la beauté, la pudeur, l'innocence; dans l'autre, un
« amour intact, le dévouement, la consécration immor-
« telle de l'homme à celle qui est plus faible que lui,
« qu'hier il ne connaissait pas, et avec laquelle aujour-
« d'hui il se trouve heureux de passer ses jours; et il
« faut que les coupes soient également pleines, pour
« que l'union soit sainte, et pour que le Ciel la bé-
« nisse (1). »

Personne, plus que lui, n'apporta à cette union
l'*amour intact* dont il parle avec une délicatesse si
sentie. « Ozanam, me disait un de ses amis d'enfance,
« n'a jamais eu de jeunesse, dans le sens orageux de
« ce mot. » Aussi méritait-il de trouver le bonheur, en
ne cherchant que le devoir. « Celle qui est pour moi,
« Béatrix, écrit-il quelque part, m'a été laissée pour
« me soutenir d'un sourire et d'un regard, pour m'ar-
« racher à mes découragements, et me montrer, sous
« sa plus touchante image, cette puissance de l'amour
« chrétien, dont je vais raconter les œuvres. »

« La compagne que Dieu m'a choisie, dit-il ailleurs,
« ne peut être pour moi qu'une nouvelle inspiration,
« et non pas un obstacle. » Il l'associait donc à ses travaux, comme à ses joies : après l'avoir initiée aux
beautés que la nature et l'art ont, comme à l'envi,

_____

(1) Civilisation au Vᵉ siècle, t II, p. 85.

prodiguées à l'Italie, il confiait à cette main « plus
« délicate que la sienne » le soin d'importer dans notre
langue les *Petites Fleurs de saint François*, dont il
craignait de ternir la corolle en les transplantant lui-
même.

Si ses affections de famille secondaient et stimulaient
ses travaux, elles ne nuisaient pas davantage à d'autres
sentiments qui sont aussi des devoirs. « Cette première
« ivresse du cœur qui suit le mariage ne saurait, dit-
« il lui-même, faire oublier les droits de l'amitié ; il
« semble même que la sensibilité, plus émue, soit plus
« impressionnable encore, et qu'on ait trop de bon-
« heur pour ne pas sentir le besoin de le répandre
« autour de soi. » Aussi, comme son âme, non moins
expansive que tendre, s'abandonne avec eux aux effusions les plus sympathiques ! C'est dans sa correspondance que l'on peut voir tout ce qu'il y avait « d'ardent
« et de modeste, d'aimable et de sincère dans cette
« nature choisie (1). »

Dans toutes ses lettres, en effet, il se proposait
d'être utile, ou tout au moins de faire plaisir aux
autres. « Je ne peux, disait-il, m'accoutumer à voir
« un pays intéressant, des mœurs curieuses, sans com-
« muniquer mes plaisirs aux gens que j'ai la faiblesse
« d'aimer. » C'est ainsi que, du fond de la Bretagne, on
le voit écrire au savant ami qui fut pour lui comme
un frère aîné, une lettre pleine d'âme et de verve,

---

(1) M. Ampère, *Préface des œuvres d'Ozanam*.

d'esprit et de gaieté. On dirait qu'il veut faire regretter à ce fils d'un père si croyant, d'avoir préféré, dans sa curiosité cosmopolite et son humeur vagabonde, les glaces et les brouillards de la Suède luthérienne aux bruyères de l'Armorique, à ses rivages si pleins de poésie, à ses fêtes si pleines de foi. Son pèlerinage dans ce sanctuaire des mœurs antiques, au milieu de tous ces spectacles, qui parlent à son cœur comme à son imagination, lui inspire, à la fin de cette longue épître, une pièce de vers étincelante de naturel et de fraîcheur.

« Il y a dans la vie, disait-il à propos de scènes de « ce genre, des moments très-courts et très-vifs, qui « peuvent payer des années de souffrances. »

Sa correspondance inédite est remplie, nous a-t-on assuré, de détails pleins d'un joyeux entrain, qui permettraient de faire connaître sous un jour nouveau et charmant cet esprit d'ordinaire un peu austère (1).

Tel était souvent son enjouement avec ses amis, enjouement qui partait d'une âme candide et confiante, heureuse de les revoir ou de converser de loin avec eux. C'est ce qui donnait à ses relations intimes un charme qui attirait, une aménité constante, une si bienveillante simplicité et une cordialité si franche, qu'on ne

---

(1) Nous avons, pour notre part, entre les mains, une lettre datée des dernières fêtes de Noël qu'il ait passées ici-bas. « Je suis, dit-il, dans les délices de « Capoue, au milieu d'une nuée aimable et légère de cousins, de cousines et « petits-cousins : ma femme et ma fille s'y portent à ravir ; et moi, le malade « officiel de la famille, je me permets des gambades qui, si elles étaient aperçues « du ministère de l'instruction publique, pourraient bien faire révoquer mon « congé. »

pouvait guère le connaître sans l'aimer, sans s'attacher à lui pour toujours.

Chez lui d'ailleurs, l'amitié avait pour base le dévouement le plus absolu. Un exemple suffira. Dans les dernières années de sa vie, Ozanam, déjà souffrant, arrive un matin à Lyon; il comptait s'y reposer plusieurs jours d'un voyage long et fatigant pour sa faiblesse. Il apprend qu'une élection doit se faire le lendemain même, à la Faculté des Lettres de Paris. Il s'agissait précisément de nommer un de ses amis, vaillant défenseur, comme lui, de la religion et de la vérité (1). Ozanam n'hésita pas. Il voulut partir sur-le-champ. C'était, selon lui, un devoir impérieux. Rien ne put le fléchir, ni sa propre fatigue, ni les supplications de sa femme, alarmée et non sans cause. Son mal augmenta, mais son ami fut nommé.

La conscience, disons-le, était ici en jeu plus encore que l'amitié. « Ozanam, » m'écrivait naguère un de nos amis communs, de qui je tiens l'anecdote qui précède « Ozanam était la conscience vivante : ses « moindres actes étaient dirigés par un motif supé-« rieur ; il n'a pas passé volontairement *une minute* « de sa vie sans poursuivre le noble but qu'il se pro-« posait (2). »

Dans les examens auxquels sa charge l'obligeait, cet

(1) M. Henri Wallon.

(2) Lettre de M. Clément Gourju, ancien professeur de philosophie, actuellement chef d'institution à Dijon. Ce digne ami d'Ozanam, empêché de prendre part à ce concours, nous a prié de le remplacer : tâche bien douce assurément, mais bien lourde aussi.

homme si doux passait pour inexorable. La crainte de se montrer complaisant le rendait sévère jusqu'à la rigidité, j'ai failli dire jusqu'à l'injustice. On sait l'histoire de ce candidat protégé par Ozanam et reçu, pour ainsi dire, malgré Ozanam lui-même : il était depuis lors passé en proverbe qu'une recommandation auprès de lui était une chance de plus pour échouer.

Le hasard nous a fait assister à une scène du même genre. Un jeune ecclésiastique vint un jour lui demander les causes de son échec. Ozanam commença par lui montrer, d'un ton paternel, les fautes innombrables dont sa version était semée ; puis élevant la voix et prenant un air sévère : « Monsieur, lui dit-il, l'habit « même que vous portez doit nous rendre plus exi- « geants. Quand on a l'honneur d'en être revêtu, on « ne devrait pas l'exposer légèrement à de tels « affronts. »

La conscience, qui lui dictait de tels scrupules, lui inspirait au besoin, à lui si timide par nature, un vrai courage. On se rappelle cette indigne émeute qui fit suspendre d'abord, puis supprimer, le Cours de son ami M. Lenormant. Les temps étaient orageux, les représailles promptes et violentes. Ozanam savait que, s'il encourait lui aussi l'impopularité, c'en était fait de son Cours, c'est-à-dire de son avenir, de l'existence même de sa famille. Qu'importe ! rien ne l'arrête. Lorsque M. Lenormant vient faire une suprême tentative pour désarmer des colères qui ne raisonnent pas, Ozanam est auprès de lui, fidèle satellite de l'amitié.

Son entrée inattendue excite d'abord une surprise, mêlée d'admiration et de dépit. Puis le Cours commence et l'orage aussi. Alors il se lève, blême et frémissant, non pas de peur, mais d'indignation. D'un geste impérieux et d'une voix ardente, il *adjure les amis de la liberté de la respecter chez les autres*. Mais c'était un parti pris, une sorte de conspiration ; et, grâce à la faiblesse, pour ne pas dire à la connivence du Pouvoir, la justice fut trahie et le bon droit succomba.

C'est encore dans ce profond sentiment du devoir qu'il puisa, outre le courage civil, une sorte de courage militaire. Tant que durèrent les lugubres journées de juin 1848, on le vit, simple soldat, se mettre à la disposition de ses chefs et garder les avant-postes les plus périlleux de la société menacée. Il eût fait davantage encore si on l'eût permis. La pensée lui vint d'aller prier l'archevêque de Paris de s'interposer dans cette lutte fratricide : il s'offrait même à l'accompagner. Mais le saint Pontife n'avait pas eu besoin d'une impulsion étrangère : il se préparait déjà devant Dieu à son héroïque martyre : bien plus, il refusa toute escorte, car il voulait que son sang fût le seul et le dernier versé.

Craintif par tempérament et intrépide par devoir, on dirait qu'Ozanam s'est peint lui-même dans ce portrait d'un des apôtres de la Germanie, où l'on sent comme un retour involontaire sur sa propre destinée. « En étudiant de plus près, dit-il, la correspondance « de saint Boniface, on y trouve plusieurs de ces fai-

« blesses qu'on aime dans les grandes âmes chrétiennes,
« comme une preuve qu'on a affaire à des cœurs de
« chair, et non de bronze. On sait bien que ces scrupu-
« leux, ces mélancoliques, ces pusillanimes remueront
« le monde, parce qu'ils trouveront leur force dans la
« pensée même des devoirs qui les effraient, mais qu'ils
« remplissent (1). » « Nous sommes tous, disait-il
« ailleurs, des serviteurs inutiles, mais nous servons
« un maître souverainement économe et qui ne laisse
« rien perdre, pas plus une goutte de nos sueurs
« qu'une goutte de ses rosées. »

C'était à servir ce Maître qu'il se dévouait sans
réserve, comme sans relâche. La religion était en effet,
pour Ozanam, plus qu'une conviction, c'était sa vie de
tous les instants, c'était la règle de tous ses actes.
Aussi, avec quel respect il en parle, avec quelle piété
fervente il en accomplit tous les devoirs ! Ni ses
immenses occupations ne peuvent l'en distraire, ni le
respect humain ne peut l'en détourner. Si l'on attaquait
devant lui ses croyances les plus chères, sans considérer le nombre des opposants il relevait aussitôt le
gant que lui jetaient l'impiété et l'ignorance, et il
imposait à tous par la sincérité de sa vertu comme par
l'ardeur de sa foi. Un jour entre autres, à la suite de
ces tumultueuses journées où la pacifique Sorbonne
semblait transformée en champ de bataille, une main
plus impertinente que spirituelle avait rayé sur l'affi-

____

(1) *Études Germaniques*, t. II, p. 211.

che, à côté du nom d'Ozanam, les mots de *Littérature étrangère* pour y substituer celui de *Théologie*. Il l'apprend comme il allait monter dans sa chaire. Il ne s'en émeut pas davantage : il fait son Cours avec sa verve habituelle ; seulement à la fin, au moment de descendre : « Je n'ai pas l'HONNEUR, dit-il avec un « accent plein d'estime et de respect, d'être théolo-« gien ; mais j'ai le bonheur de croire et l'ambition de « mettre au service de la vérité toute mon âme et « toutes mes forces. » Inutile de dire que des applaudissements unanimes saluèrent cette déclaration, qui était une profession de foi. Est-il d'ailleurs une leçon, une seule, où Ozanam n'ait, plus ou moins explicitement, proclamé sa foi, où l'on puisse l'accuser d'avoir, je ne dis pas abandonné, mais simplement caché son drapeau ?

Au plus fort de la tempête révolutionnaire, c'était là sa préoccupation la plus grave. Un jour quelques âmes pusillanimes hasardèrent devant lui le mot d'émigration. Ozanam prend la parole : « Ce serait, s'écrie-t-il, « plus qu'une faute politique, ce serait une lâcheté « morale ; quant à moi, je ne quitterai pas la France, « tant qu'il y aura un autel pour y prier, et un prêtre « pour m'absoudre. »

Cette foi ardente et soumise, qui le soutenait dans les vicissitudes les plus diverses, le poussera, déjà mourant, à faire un pèlerinage qu'il avait constamment rêvé ; il voudra visiter l'Espagne, le seul qu'il n'eût pas vu, de tous les pays dont il retraçait l'histoire ;

mais en Espagne, ce qui l'attire avant tout, c'est le tombeau si vénéré de saint Jacques de Compostelle. L'état de sa santé ne lui permit pas d'aller jusqu'au bout : il s'y résigna en chrétien, et s'en dédommagea en savant. Il alla voir le *Tombeau du Cid* et cette prodigieuse cathédrale de Burgos qui, par ses richesses intérieures, respectées des hommes et du temps, est véritablement une épopée. Il raconte toutes ces merveilles à ses amis dans un dernier écrit qu'ils n'ont pu lire qu'après sa mort ; c'est un récit de voyage qui tient à la fois du poëme et du roman, de l'hymne pieux et de l'histoire ; vrai *Pèlerinage*, comme il l'intitule, commençant par un psaume, et finissant par un cantique. La vue de la mer, le spectacle des montagnes, les vieilles légendes, les monuments et les mœurs, tout le ramène à Dieu, tout excite également les élans de sa gratitude et les ardeurs de sa foi.

Cette foi était trop sincère et trop vive pour ne pas agir. Aussi le voyons-nous prendre part à toutes les œuvres qui seront la gloire de notre siècle comme elles en sont déjà le salut.

Le bonheur de son éducation l'avait fait assister, dans la Rome des Gaules, à la naissance de la *Propagation de la Foi*, cette œuvre si petite dans son origine et ses moyens, si grande dans son but et ses résultats. Le Conseil de l'Œuvre chargea un jour Ozanam d'en résumer brièvement l'histoire : il s'en acquitta avec son succès accoutumé. Dans son rapport, il déroule le tableau vraiment merveilleux des progrès d'une

Œuvre, née vingt années auparavant dans le modeste réduit d'une humble femme de Lyon, et déjà assez prospère pour voir sortir de son sein une fille digne de sa mère, l'*Œuvre de la Sainte-Enfance*.

Il ne savait se refuser à aucune coopération de ce genre. On connaît cette belle *Œuvre de Saint-François-Xavier*, qui réunit aux avantages d'une société de Secours Mutuels tous les caractères d'une association chrétienne. Je l'ai entendu moi-même faire à de simples ouvriers des discours où il s'efforçait de mettre à leur portée les trésors de sa riche érudition. « Mes amis, « leur disait-il, chacun a son métier ici-bas; mon métier, « à moi, c'est de compulser les vieux livres : eh bien ! « dans la poussière des bibliothèques, je trouve parfois « des leçons que le passé nous a léguées sous une forme « pleine d'attrait. Laissez-moi donc vous raconter une « de ces vieilles histoires qui charmaient les veillées de « nos pères. »

Alors, avec une grâce que la Sorbonne eût enviée aux chapelles souterraines de Saint-Sulpice, il commençait le récit d'une de ces légendes que l'Irlande semble avoir empruntées à l'Orient et animées d'un souffle chrétien. Tous ces hommes du peuple comprenaient, admiraient, applaudissaient bruyamment. Puis venait la morale : « Ces histoires, reprenait l'orateur, sont « l'emblème de l'autre vie, où seront récompensées « ou punies toutes les actions de celle-ci. Nous sommes « tous comme ces ouvriers des Gobelins qui, suivant « les plans d'un artiste inconnu, s'appliquent à assortir

« les fils de diverses couleurs sur le revers de la trame:
« ils ne voient pas le résultat de leur travail. C'est
« seulement lorsque tout est terminé, qu'ils peuvent
« admirer à leur aise ces fleurs, ces figures, ces scènes
« splendides et dignes des palais des rois. Ainsi de
« nous, mes amis : nous travaillons, nous souffrons
« ici-bas, sans en voir le terme ni le fruit. Mais Dieu
« le voit, et, quand il nous relève de notre tâche, il
« montre à nos regards émerveillés ce que Lui, le
« grand artiste, invisible et présent partout, a fait de
« toutes ces fatigues, qui nous semblent si stériles;
« et il daigne placer dans son grand Palais ces faibles
« œuvres de nos mains. »

Est-ce bien un laïque qui parle ainsi, et n'y a-t-il
pas là une sorte de prédication populaire?

Ce laïque, il est vrai, avait senti, plus que tout
autre, le besoin de ramener au pied de la chaire chrétienne une jeunesse égarée par les théories les plus
décevantes : il avait, c'est tout dire, provoqué la fon-
dation des *Conférences de Notre-Dame.*

Puis, lorsqu'on voulut offrir à cette même jeunesse,
objet de ses plus vives sollicitudes, un lieu de délasse-
ments honnêtes et de travaux sérieux, seul remède
contre l'oisiveté corruptrice de la capitale, Ozanam y
contribua pour sa grande part : il accepta, au *Cercle
Catholique*, la présidence des Conférences de Littérature; il y voyait un moyen efficace de continuer l'es-
pèce d'APOSTOLAT qu'il avait entrepris dans son Cours.

Ce mot, en effet, n'est pas trop fort; aucun autre ne

suffirait à rendre l'ardeur du zèle qui le dévorait, et aussi l'influence immense qu'il avait su prendre. Professeur au collége Stanislas tant qu'il ne fut que suppléant à la Faculté des Lettres, il avait vu ses élèves redoubler leur rhétorique pour se trouver plus longtemps sous son habile et aimable direction; puis, quand il dut les quitter, ces mêmes élèves, dans l'ingénuité de leur enthousiasme, écrivirent une supplique au Ministre, pour le prier de leur conserver, par une dispense exceptionnelle, « le maître qu'ils avaient le « plus aimé. » Leur demande ne put être accueillie; mais ils formèrent le noyau de cette foule de disciples volontaires qui grossissait chaque année. On ne le voyait guère en effet se rendre à son Cours ou en sortir, sans être escorté d'un essaim de jeunes gens, fiers et heureux de recueillir ses paroles et d'écouter ses conseils. Ils ne savaient qu'admirer le plus, de l'étendue de sa science, ou de son affabilité qui la mettait à la disposition de tous. Dans les Conférences littéraires qu'il présidait au *Cercle catholique*, la bienveillance la plus paternelle s'alliait en lui à la sévérité d'un goût infaillible. Enfin, deux heures chaque jour, sa porte leur était ouverte, et l'immensité de ses travaux ne l'empêchait pas de les accueillir avec un sourire toujours gracieux et un esprit toujours prêt. Mais, seul à seul ou au milieu de tous, sa sympathie n'avait rien de banal. Il savait proportionner les éloges au mérite et encourager au travail sans exalter l'amour-propre. Sa douceur non plus n'avait rien de fade; il usait même des droits que lui donnaient son âge et notre confiance pour redresser tous les écarts. Il réprimandait sans pitié les défaillances de la mollesse ; il épargnait moins encore les saillies de la malignité.

Il donnait, au reste, l'exemple tout le premier; si l'on admirait son courage, on n'était pas moins charmé de sa mansuétude. Lorsqu'il était forcé de blâmer, il le faisait avec un accent de regret qui marquait encore, dans la condamnation du mal, le respect pour la personne. Sa formule ordinaire était celle-ci : « Monsieur « un tel a trop d'esprit, a l'intelligence trop élevée pour « ne pas voir.... » Tels étaient ses principes de polémique chrétienne; il estimait que la vérité gagne à n'être servie que par des moyens dignes d'elle. Il avait trop souffert d'ailleurs, dans ces quelques jours d'adolescence où le flambeau de sa foi avait un instant vacillé, pour ne pas plaindre, plus qu'il ne les blâmait, ceux qui avaient le malheur de ne plus croire. « C'est « par la douceur et la persuasion qu'*il* s'efforçait de « ramener ces belles intelligences, mal engagées dans « la vie par le malheur d'une éducation insuffisante et « d'un mauvais entourage..... Beaucoup ressentent « amèrement la douleur de ne pas croire... Il faut donc « leur ménager la vérité, comme on ménage la lumière « à un malade tendrement aimé. »

Et ce n'était pas chez lui mollesse ou fausse complaisance : ardent et vif par nature, il avait besoin de se maîtriser pour ne pas éclater d'indignation contre les outrages faits à sa foi. Nous l'avons entendu flétrir avec énergie l'outrecuidance de ces jeunes sophistes qui déclaraient la guerre au bon sens, non moins qu'à la religion, et qui, au lieu de *chercher en gémissant,* comme dit Pascal, la vérité ignorée ou perdue, insultaient, avec une pitié dédaigneuse qui déguisait mal la haine, la vérité reniée et trahie. C'était même l'excès de son indignation qui l'empêchait d'y donner cours en public; il craignait de ne pas se contenir assez, pour l'honneur de la religion, dont il entreprenait la défense, en abordant les âges de corruption et d'impiété croissante, qui succédèrent au XIII° siècle : le grand schisme du XIV°, les agitations et les malheurs du XV°, surtout l'hypocrisie et les violences de la soi-disant Réforme au XVI°, transportaient de douleur son âme, sensible par-dessus tout aux maux de l'Église sa mère.

Mais pour connaître tout entier ce que nous avons appelé l'apostolat d'Ozanam, il faut surtout le voir à l'œuvre dans une société aux origines de laquelle son nom se trouve indissolublement attaché. Tout le monde a nommé la *Société de Saint-Vincent-de-Paul.*

Son humilité a renvoyé à un autre l'honneur de l'avoir fondée : il n'a revendiqué pour lui-même que celui d'avoir été l'un des huit jeunes gens qui se réunirent pour prouver aux Saint-Simoniens la vitalité du Catholicisme par ses bienfaits. Laissons-le donc ensevelir dans une divine obscurité les fondements de cette œuvre toute divine. Il semble nous y avoir engagés lui-même, lorsqu'il écrivait, à propos de la Propagation de la Foi, ces lignes qui s'appliquent si bien aux Con-

férences de Saint-Vincent-de-Paul : « Les commence-
« ments de l'Œuvre sont obscurs et faibles : telle est
« la destinée des institutions chrétiennes. Dieu souvent
« y prépare les choses de façon que nul n'en puisse être
« appelé l'auteur et qu'il ne s'y attache pas un nom
« humain. Il cache et divise leur source comme celle
« des grands fleuves, dont on ne peut pas dire à quel
« ruisseau ils ont commencé. » Aussi, après avoir
parlé du but même des Conférences, qui était de mettre
la foi des membres sous la protection de leur charité, il
ajoute : « Nous nous réunîmes tous les huit dans cette
« pensée; et d'abord même, comme jaloux de notre
« trésor, nous ne voulions pas ouvrir à d'autres les portes
« de notre réunion. Mais Dieu en a décidé autrement....
« Vous voyez donc que nous ne pouvons pas nous
« donner véritablement le titre de fondateurs; c'est Dieu
« qui a voulu et qui a fondé notre Société. »

On croit entendre saint François de Sales, obligé de
modifier les Statuts de l'Ordre qu'il avait fondé, s'écrier
agréablement : « On m'appelle fondateur : plaisant
« fondateur ! qui fait ce qu'il ne voulait pas et ne fait
« pas ce qu'il voulait. »

Quoi qu'il en soit, la Société une fois constituée,
Ozanam en fut l'un des plus actifs promoteurs et surtout le propagateur le plus éloquent. Souvent, en qua-
lité de vice-président, il fut chargé de prendre la parole
dans les réunions générales. Une fois, c'était au sortir
des journées de juin où le président-général avait été
grièvement blessé, Ozanam le remplace : il s'excuse

d'abord du *douloureux honneur* qui lui est échu ; puis, il laisse échapper de son cœur, embrasé d'amour pour les pauvres et plein de compassion pour leurs erreurs, les accents de la plus brûlante charité.

Va-t-il à Londres, pour la première fois, lors de l'Exposition universelle ? Ce qui l'attire, ce ne sont pas les merveilles du Palais de Cristal ; ce sont les misères navrantes des pauvres Irlandais ; il veut voir par lui-même ces caves fétides, encombrées d'une population qui meurt de faim. « Il en revenait tout ému, dit son « compagnon de voyage, et, je crois, un peu plus « pauvre qu'en descendant. »

L'altération de sa santé l'oblige-t-elle à se rendre aux Eaux-Bonnes ? Sa préoccupation incessante est de rendre accessible aux indigents cette région salutaire, où les riches seuls peuvent aborder. Il voudrait y établir un hôpital. En attendant, il fonde une Conférence d'été, composée chaque année des membres de la Société que l'état de leur santé y appelle ; il les charge de secourir la misère matérielle des pauvres des environs et surtout la misère morale des riches malades, qui, n'ayant plus rien à espérer dans cette vie, ne songent pas assez à l'autre....

Malgré sa faiblesse croissante, il ne veut pas quitter la France sans faire son pèlerinage au berceau de saint Vincent-de-Paul. La vue du chêne séculaire qui abrita le pauvre berger des Landes, lui représente l'image des œuvres immenses qu'il a fondées et qui couvrent la terre de leur ombre. « Pour nous, dit-il, nous sommes

« le gazon qui pousse à ses pieds : il croît rapidement,
« il ne cesse pourtant pas d'être petit, et, parce qu'il
« couvre beaucoup de terre, il ne dit pas : Je suis le
« chêne. »

Puis, Ozanam cueille une branche et l'envoie, avec sa lettre, au Conseil général, qui les conserve l'une et l'autre comme un double et précieux souvenir, nous allions dire une double relique.

Enfin, déjà mourant, il part pour cette Italie qui l'a vu naître et à laquelle il a voué, après la France, ses affections les plus vives. Mais l'Italie n'est plus pour lui le berceau des arts et des lettres : en vain la Toscane lui offre ses plus belles couronnes académiques ; la Toscane n'a pas de Conférences de Saint-Vincent-de-Paul ! Aussi, malgré sa fièvre, sa faiblesse, ses défaillances, il n'a pas de repos qu'il n'ait doté cette patrie de son imagination de l'œuvre la plus chère à son cœur. Lettres aux chrétiens les plus zélés, démarches auprès des souverains, discours qui épuisent, qui dépassent ses forces, rien ne lui coûte pour achever ce qu'il regarde comme une mission.

Ainsi devait finir cette existence consumée au service des plus nobles causes, la *Vérité* et la *Charité* : double rayon qui illumine la vie d'Ozanam, double foyer qui la dévora : après en avoir été l'apôtre, il en devait être le martyr.

Dieu, en effet, voulait donner à sa belle âme « ce je
« ne sais quoi d'achevé que les grands malheurs ajou-
« tent aux grandes vertus (Bossuet). » Il allait l'épu-

rer par dix-huit mois de souffrances continues. Ozanam en fut d'abord attristé, inquiet; mais la grâce vint au secours des faiblesses de la nature; l'espérance dissipa ses mélancolies et ranima un peu son courage. Pourtant un jour arriva où toute illusion fut impossible; alors il eut besoin de se rappeler le peu de bien qu'il « avait « eu occasion de faire au sein de la Société de Saint- « Vincent-de-Paul et de s'appliquer le verset du Psal- « miste : *Beatus qui intelligit super egenum et pau- « perem : in die mala liberabit eum Dominus.* » Les Psaumes devinrent sa lecture de prédilection. « *Il* ne se « *lassait* pas de relire ces plaintes sublimes, ces élans « d'espérance, ces supplications pleines d'amour, qui « répondent à tous les besoins, à toutes les détresses de « la nature humaine. » Il fit plus : afin de rendre sa maladie même profitable à tous ses frères, il se mit à traduire, en la relisant pour la dernière fois, tous les passages de l'Écriture-Sainte qui peuvent consoler et fortifier un malade; il voulut conduire les autres à la source sacrée où il avait lui-même puisé la résignation. Il en était venu à aimer ses maux, à les bénir, à en remercier Dieu. « Souffrir ainsi deux ans, dix ans « même, disait-il, et ensuite entrer de plain-pied dans « la paix du Ciel, ne serait-ce pas la plus heureuse « destinée? »

Dès lors son sacrifice était fait. Aux agitations d'une âme ardente avait succédé le calme le plus complet; et, le jour même où il accomplissait sa quarantième année, il put écrire d'une main ferme, bien qu'émue, ses adieux à tous les siens.  2*

Il faut lire en entier ces pages d'un pathétique si déchirant, d'une si éloquente résignation. Il commence par remercier Dieu de tous ses bienfaits et par repasser devant Lui tout ce qui le rattache à la vie, puis il Le supplie de la lui rendre, non pas pour briguer des honneurs auxquels il renonce, mais pour servir les pauvres et pour achever l'éducation de son enfant.... Mais Dieu ne veut pas de ces demi-sacrifices, c'est précisément sa vie qu'il demande. Ozanam prononce alors le *fiat* qui consomme tout. Puis il écrit son testament, suprême inspiration des vertus qui l'ont guidé sans cesse dans sa conduite comme dans ses écrits, la Foi, la Charité, l'Espérance. N'est-ce pas en effet du sein d'un monde meilleur, qu'il semble adresser, avec une concision sublime, à celle qui fut le charme et le soutien de sa vie, cet adieu, « court comme toutes les « choses de la terre : Je la remercie, je la bénis et je « l'attends ? » Les pauvres ne pouvaient être oubliés; il n'oublie pas davantage ses confrères de Saint-Vincent-de-Paul : à l'imitation de ce saint patron, il leur donne une dernière leçon d'humilité; il leur demande pardon de ses vivacités, de ses mauvais exemples (*sic*) ; puis il sollicite leurs prières : « Ne vous « laissez pas ralentir par ceux qui vous diront : Il est « au Ciel : priez toujours pour celui qui vous aime « beaucoup mais qui a beaucoup péché. Aidé de vos « supplications, chers bien-aimés, je quitterai la terre « avec moins de crainte. J'espère fermement que nous « ne nous séparerons point et que je reste avec vous

« jusqu'à ce que vous veniez à moi. » Quoi qu'il en dise, sa voix semble déjà venir du Ciel, et ses adieux sont des rendez-vous.

Il languit quelques mois encore ; puis, sentant approcher sa fin, il voulut revoir une dernière fois le sol de la France et remettre sa femme et sa fille entre les mains d'une mère, d'une aïeule désolée. La traversée fut calme, comme était l'âme du juste. Par une dernière faveur, il expira aux pieds de Notre-Dame-de-la-Garde, entre les bras de la famille et de l'amitié ; et, suivant le langage de l'Église, il naquit au ciel le jour même où était née à la terre cette Vierge qu'il avait si tendrement aimée et si poétiquement célébrée (1). Puis, dans cette mort si tristement prématurée, n'y avait-il pas un de ces bienfaits du Ciel que l'on ne comprend bien que de l'autre côté de la tombe ? Ozanam est mort à temps ; il n'a pas eu la douleur de voir mettre en question et en péril tout ce qu'il aima le plus ici-bas : les Lettres, la Liberté, la Religion et jusqu'à la Charité....

Toutes furent représentées à ses funérailles et lui payèrent leur tribut. Lyon avait réclamé, mais n'avait pu garder ses dépouilles mortelles ; et quand Paris, le théâtre de ses travaux, les eut enlevées à la Cité de son enfance, les caveaux de Saint-Sulpice, où retentissait encore l'écho de sa parole, entendirent des adieux pleins d'éloquence et de douleur.

C'étaient d'abord les plaintes contenues, mais d'au-

(1) Voir dans le *Pélerinage au pays du Cid,* une invocation à N.-D. de Burgos que nous aurions voulu pouvoir citer,

tant plus émouvantes, d'un des vétérans de l'Institut ; le doyen de la Faculté des Lettres venait rendre les derniers devoirs au plus jeune de ses collègues , à celui qu'il avait aimé comme un fils.

Mais la plus belle oraison funèbre, ce furent encore les larmes de ces pauvres qu'il visitait si humblement et qu'il consolait si bien. Toutefois ce n'étaient là que les préludes du triomphe décerné à cet homme si modeste durant sa vie et sitôt illustre après sa mort.

La presse de tous les partis fut unanime dans ses regrets pour l'écrivain qui l'avait constamment honorée par la dignité de sa vie, non moins que par celle de son langage.

Le Pontife-Roi, ce représentant véritable de l'Italie comme de la Papauté, de la Liberté comme de l'Ordre, s'empressa d'envoyer, avec sa bénédiction, ses augustes condoléances à la jeune veuve de celui qui avait applaudi aux heureux débuts de son règne et compati à ses premiers délaissements.

Dix évêques de France s'inscrivirent en tête de la souscription formée pour élever un monument à la mémoire d'Ozanam. Ses amis et ses disciples n'avaient pas cru qu'il y en eût un plus digne de lui, que la publication de ses œuvres, en grande partie inédites. Leur appel fut entendu de tous les points de la France, de toutes les classes de la société. On voit figurer sur cette liste d'honneur, des prélats, des médecins, des magistrats, des professeurs, des commerçants, et enfin un nombre assez considérable de membres de l'Institut.

C'était là, pour sa famille, le plus honorable des héritages, et pour lui, la plus solide des gloires.

Chose étonnante, en effet, et qui est le signe de la vraie grandeur ! sa gloire s'accroît à mesure que sa vie s'éloigne.

Le plus.illustre des orateurs sacrés de notre siècle est chargé par ses amis de raconter cette belle vie ; et il le fait avec un bonheur d'expressions, une chaleur d'âme, une éloquence simple et pénétrante, que le génie même n'aurait pu atteindre, si l'amitié ne l'eût inspiré.

L'Académie française n'oublie aucune occasion de célébrer Ozanam. M. de Laprade, en y entrant naguère, se faisait un titre d'avoir été son compatriote et son ami. Hier encore, dans une mémorable séance, M. Guizot burinait en son honneur, d'une main ferme et sympathique, un de ces portraits où l'exactitude de la ressemblance n'a d'égal que la vigueur du relief et la netteté des contours (1).

Votre Académie, Messieurs, a jugé, elle aussi, que le jour de la postérité était venu pour cette mémoire si récente encore. Elle convie ceux qui le connurent à venir redire tout ce qu'il fut ; elle fait appel surtout aux nombreux disciples de cet *Apôtre de la Jeunesse.*

---

(1) Nous ne pouvons résister au plaisir de citer ici les propres paroles de l'éminent orateur.

« Ozanam , ce modèle de l'homme de lettres chrétien , digne et humble , ardent « ami de la science et ferme champion de la foi , goûtant avec tendresse les joies « pures de la vie et soumis avec douceur à la longue attente de la mort, enlevé aux « plus saintes affections et aux plus nobles travaux, trop tôt selon le monde, mais « déjà mûr pour le ciel et la gloire. »

Plusieurs d'entre eux sont devenus des hommes déjà distingués dans la littérature, l'enseignement et le sacerdoce.

C'est à eux, plus qu'à moi, qu'il appartiendrait de répondre à cet appel. Toutefois, je n'ai pu contenir l'élan de ma reconnaissance; et l'ardeur de mes sentiments m'a fait oublier ma faiblesse.

Cher et vénéré Maître! je viens donc, à la suite de tant d'autres plus dignes, mêler ma tremblante voix à ce concert de louanges et de regrets. En essayant de résumer ici les solides travaux de ta noble intelligence et les fécondes inspirations de ton grand cœur, je me suis appliqué surtout à ne blesser ni la Vérité, ni la Charité, tes deux amies. Ce sera là, si j'ai réussi, tout mon mérite. Qu'il me soit permis maintenant de déposer cette humble fleur sur ta tombe, frêle et tardif hommage du plus obscur, mais non pas du moins dévoué de tes disciples.

« Tu duca, tu signore, e tu maestro. »

Tours, Imp. de J. Bouserez.